EL CEREBRO Y LOS SENTIDOS

Textos de Jen Green

Traducción de Delia M. G. de Acuña

Ilustraciones de James Field, Colin Howard, Mike Lacey,
Ross Watton, SGA, Mike Unwin
Ilustraciones humorísticas: Jo Moore

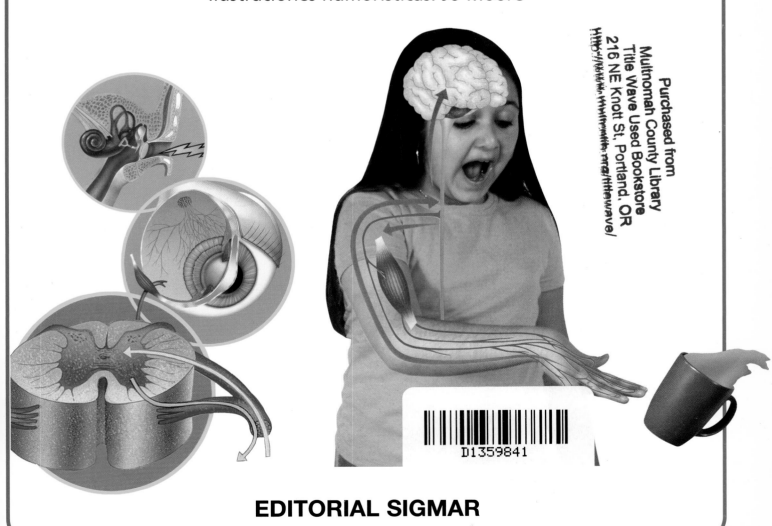

EDITORIAL SIGMAR

Contenido

© Aladdin Books Ltd
© 2008, Editorial Sigmar S.A., Avda. Belgrano 1580, Buenos Aires, Argentina, para su versión en español. Hecho el depósito de ley. Impreso en Argentina en 03/2008. Printed in Argentina. Derechos reservados. Prohibida su reproducción total o parcial por cualquier medio visual, sonoro o electrónico. **www.sigmar.com.ar**

El cerebro y los sentidos - 1a ed. - Buenos Aires : Sigmar, 2008.
   32 p. : il. ; 29x22 cm.

   ISBN 950-11-1969-6

   1. Material Auxiliar de Enseñanza.
   CDD 371.33

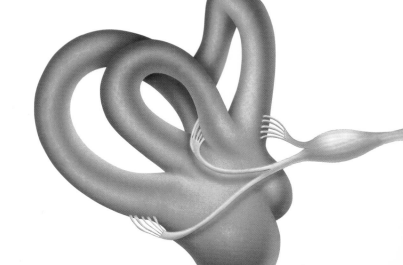

Introducción

res el orgulloso dueño de una
e las máquinas más
ofisticadas del universo:
l cerebro humano. En este
nomento, tu cerebro está en
uncionamiento, no sólo para
ermitirte leer este libro, sino
ara hacer que tu cuerpo siga
n actividad. Además, tus
entidos son asombrosos y te
roporcionan todo tipo de
nformación acerca del mundo
ue te rodea. Sigue leyendo
ara descubrir más sobre
u cerebro y
os sentidos
cómo cuidar estas
ncreíbles herramientas.

Temas médicos

Lee los recuadros rojos para
saber sobre enfermedades y
lesiones específicas que
puedan afectar el cuerpo
humano.

Tú y tu cerebro

Consulta los recuadros verdes
para saber cómo ayudar
al mejoramiento de tu salud y
a mantener el cerebro y
los sentidos en óptimas
condiciones.

La sección amarilla

Descubre cómo funciona el
interior de tu cuerpo siguiendo
las ilustraciones con fondo
amarillo.

Datos y consejos sobre la salud

Busca los recuadros amarillos para
saber más sobre cómo funcionan
las diferentes partes de tu cuerpo.
En ellos también encontrarás consejos
para mantenerte saludable.

El cerebro y los nervios

El cerebro es una masa de células nerviosas unidas a otros nervios en todo el cuerpo. Una medusa cuenta con un sistema nervioso, pero no tiene cerebro.

El cerebro es uno de los órganos más importantes del cuerpo. Es el centro de control que dirige todas las demás partes, permitiendo el movimiento, solucionar problemas, recordar cosas y sentir. El cerebro está unido al resto del organismo por una red de nervios, constituyendo el sistema nervioso. Los animales como los delfines (derecha) también tienen un sistema nervioso muy desarrollado.

Sistemas y aparatos del cuerpo

Los sistemas y aparatos son las principales unidades de trabajo del cuerpo. Colaboran entre sí para llevar a cabo distintas funciones. El aparato circulatorio proporciona al cerebro el oxígeno proveniente del aparato respiratorio; también se encarga de aportar los nutrientes del aparato digestivo.

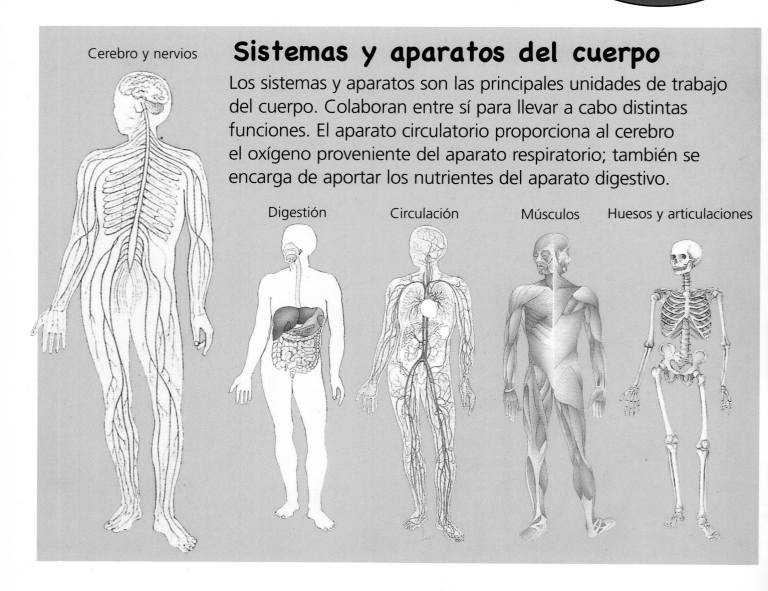

Cerebro y nervios

Digestión Circulación Músculos Huesos y articulaciones

El sistema nervioso

La médula espinal se halla dentro de la columna vertebral. Es un conjunto de nervios que conectan el cerebro con las diferentes partes del cuerpo, constituyendo el sistema nervioso central. La red de nervios más pequeños de todo el cuerpo se denomina sistema nervioso periférico.

Cerebro

Médula espinal

Sentidos y movimiento

La información proveniente de los sentidos, como ver una pelota en movimiento, viaja por los nervios hasta el cerebro. En respuesta, el cerebro envía señales a los músculos, a través de los nervios, para que puedas atrapar esa pelota.

Nervios

Terminaciones nerviosas de la piel

El consciente y el inconsciente

Tu cerebro se ocupa de los procesos inconscientes, tales como la respiración y la digestión, sin que te des cuenta. También te permite llevar a cabo todo tipo de procesos conscientes, como solucionar problemas, tomar decisiones y divertirte.

¡Qué nervios!

Una red de nervios llega a cada parte del cuerpo. El nervio ciático es el más grueso y largo. Mide unos 2 cm de ancho al salir de la médula espinal y sus fibras más largas llegan hasta la punta de los dedos del pie.

Los sentidos

Los sentidos te permiten descubrir lo que sucede a tu alrededor. Envían información al cerebro acerca de lo que ves, lo que oyes, lo que hueles, lo que comes y lo que tocas. Luego el cerebro seleccionará y procesará los datos. Además de los cinco sentidos, también existen otros receptores en el cuerpo. Algunos ayudan al equilibrio, otros advierten sobre la escasez de oxígeno en el organismo o la necesidad de comer o beber.

Los sentidos actúan como un sistema de advertencia precoz y vital. Si pisas un clavo, los receptores del pie te advierten para que actúes rápidamente y evites sentir más dolor.

Los cinco sentidos

Cuatro de los cinco sentidos principales, la vista, la audición, el olfato y el gusto, se basan en órganos especiales sensitivos, que se encuentran en la cabeza: los ojos, los oídos, la nariz y la boca. El quinto sentido, el tacto, depende de receptores ubicados a lo largo de la piel que constituyen la superficie externa del cuerpo. Algunas partes de la piel son mucho más sensibles que otras.

El tacto

El tacto es un sentido complejo que te permite tener muchas sensaciones diferentes. Los receptores de la piel detectan el calor, el frío, la presión, las vibraciones, la picazón, las molestias y el dolor. También, te permite distinguir entre las diferentes texturas.

El cuidado de la piel

Además del sentido del tacto, la piel proporciona una barrera vital entre tu cuerpo y el mundo exterior. La piel se daña fácilmente por la exposición a la luz solar. Cuando estés al sol, recuerda ponerte suficiente protector solar para conservar la piel sana.

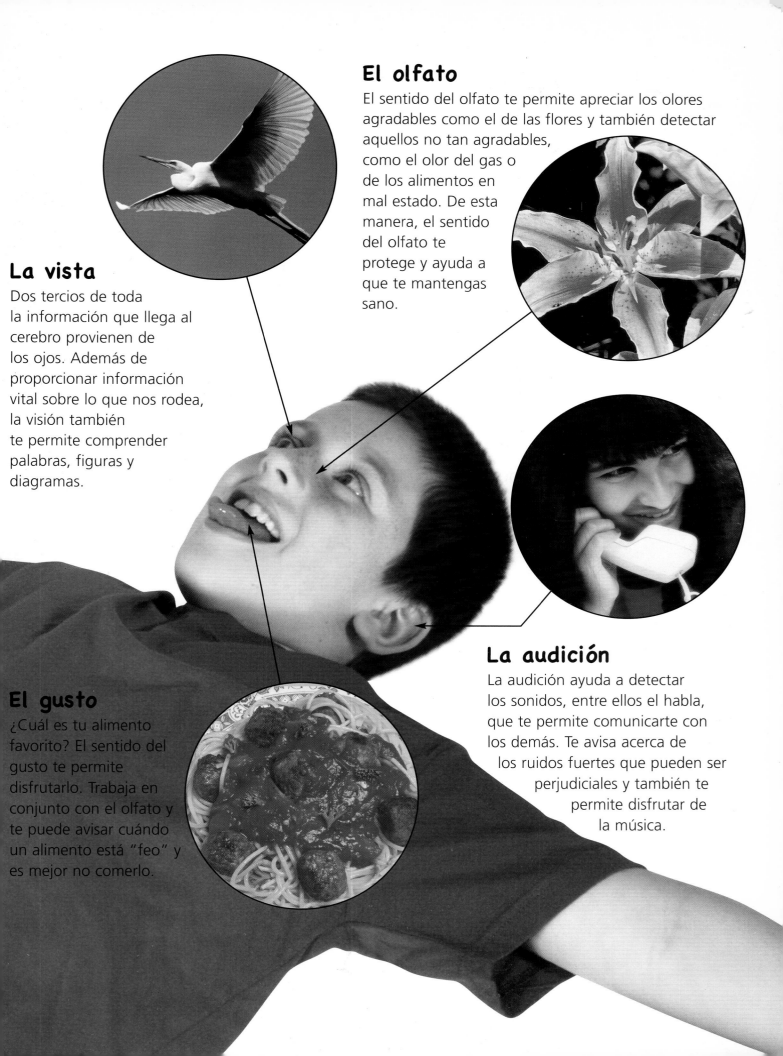

El olfato

El sentido del olfato te permite apreciar los olores agradables como el de las flores y también detectar aquellos no tan agradables, como el olor del gas o de los alimentos en mal estado. De esta manera, el sentido del olfato te protege y ayuda a que te mantengas sano.

La vista

Dos tercios de toda la información que llega al cerebro provienen de los ojos. Además de proporcionar información vital sobre lo que nos rodea, la visión también te permite comprender palabras, figuras y diagramas.

La audición

La audición ayuda a detectar los sonidos, entre ellos el habla, que te permite comunicarte con los demás. Te avisa acerca de los ruidos fuertes que pueden ser perjudiciales y también te permite disfrutar de la música.

El gusto

¿Cuál es tu alimento favorito? El sentido del gusto te permite disfrutarlo. Trabaja en conjunto con el olfato y te puede avisar cuándo un alimento está "feo" y es mejor no comerlo.

El cerebro

Ocupa la parte superior de la cabeza. Este órgano blando y esponjoso, formado principalmente por agua, está protegido por la caja ósea del cráneo.

El cerebro está formado por miles de millones de células nerviosas conectadas entre sí. La capa externa del cerebro, llamada corteza cerebral, está arrugada como la cáscara de una nuez para que puedan caber más células cerebrales.

Los dinosaurios tenían un cerebro pequeño en relación con el resto del cuerpo. Por eso, probablemente, no eran muy inteligentes.

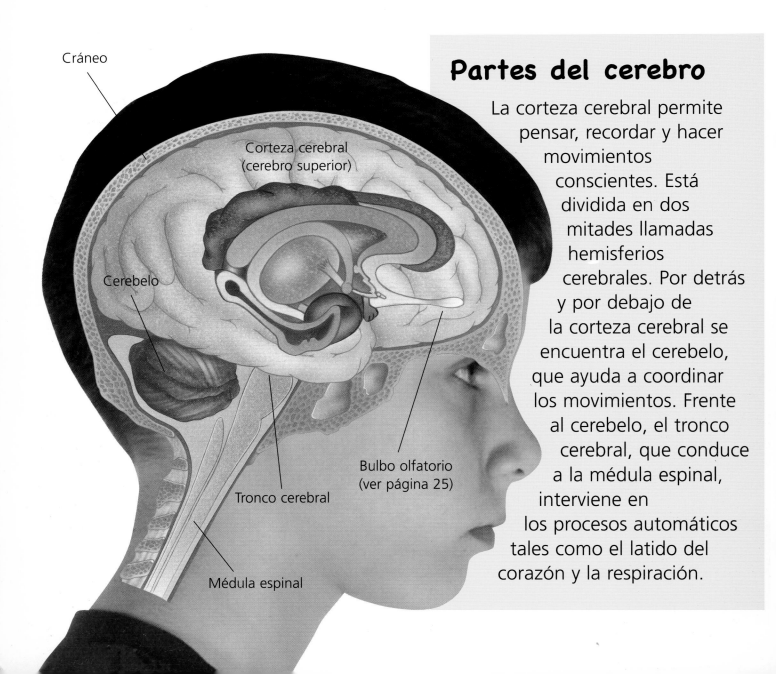

Cráneo

Corteza cerebral (cerebro superior)

Cerebelo

Tronco cerebral

Bulbo olfatorio (ver página 25)

Médula espinal

Partes del cerebro

La corteza cerebral permite pensar, recordar y hacer movimientos conscientes. Está dividida en dos mitades llamadas hemisferios cerebrales. Por detrás y por debajo de la corteza cerebral se encuentra el cerebelo, que ayuda a coordinar los movimientos. Frente al cerebelo, el tronco cerebral, que conduce a la médula espinal, interviene en los procesos automáticos tales como el latido del corazón y la respiración.

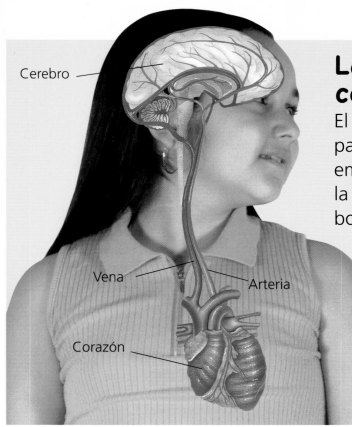

Cerebro

Vena

Arteria

Corazón

La irrigación de sangre al cerebro

El cerebro pesa solamente la cincuentava parte del peso total del cuerpo, sin embargo, utiliza un quinto de toda la provisión de sangre. La sangre, que se bombea desde el corazón al cerebro a lo largo de las arterias (en rojo), provee a las células cerebrales de oxígeno, glucosa y nutrientes. El cerebro consume energía aunque uno esté dormido. Otros vasos, las venas (en azul) llevan la sangre y los desechos de regreso al corazón.

Protección del cerebro

El cerebro es un órgano vital, a la vez que delicado. La caja dura del cráneo y la piel de la cabeza ayudan a proteger al cerebro de los golpes menores y de las heridas. Actividades como el ciclismo y patinaje pueden causar golpes muy serios.

Usa casco cuando realices cualquier deporte peligroso. ¡Más vale prevenir que curar!

Hemisferios cerebrales

En este angiograma, que muestra las arterias cerebrales, se observan los dos hemisferios cerebrales de la parte superior del cerebro. Aquí puedes ver que el lado derecho del cerebro está lesionado. En un cerebro sano, es usual que el lado izquierdo sea el dominante cuando hay que resolver un problema, escribir y trabajar con números. El lado derecho generalmente toma la delantera para las actividades creativas.

Hacia lo desconocido

Los científicos continúan trabajando e investigando para conocer más sobre el cerebro, pero todavía se sabe relativamente poco acerca de su funcionamiento. Por ejemplo, se sabe muy poco de cómo se forman los recuerdos o qué le ocurre al cerebro cuando dormimos.

El cerebro en funcionamient

La corteza cerebral es el "cerebro pensante". El pensamiento consciente y los sentimientos tienen lugar en esta capa rugosa del cerebro. La materia gris de la corteza cerebral, formada por millones de células nerviosas, cubre la materia blanca de las conexiones nerviosas que forman la mayor parte del cerebro. Los recuerdos se forman en la corteza cerebral y también en la zona llamada hipocampo, que se encuentra en lo profundo del cerebro.

El cerebro humano pesa cerca de 1,300 kg. La corteza cerebral, donde se producen los pensamientos, es una capa delgada de menos de 0,5 cm de espesor.

Cafeína

La cafeína, que se encuentra en las gaseosas, el té y el café, es una droga que afecta la actividad cerebral, acelerándola y por ello, manteniéndote más alerta por un rato. Tomada con moderación, no se ha demostrado que la cafeína sea dañina para la salud.

Juegos de memoria

Puedes poner a prueba la memoria de un amigo reuniendo una serie de objeto como los que aparecen aquí abajo. Deja que tu amigo los estudie durante medio minuto, luego cúbrelos con un paño y comprueba cuántos objetos puede reco

Despierto

Sueño REM

Sueño profundo

Ondas cerebrales

La actividad eléctrica del cerebro se muestra como línea onduladas en un aparato llamado electroencefalógrafo (EEG). La amplitud de las ondas varían de acuerdo con la mayor o menor actividad cerebral. El sueño REM o de movimiento rápido de los ojos se produce cuando uno está soñando y el cerebro está muy activo. Durante el sueño profundo, las ondas cerebrales son más profundas y más lentas.

El centro auditivo

Parte de la corteza cerebral, llamada el centro auditivo, recibe señales de los oídos y las transforma en los sonidos que escuchas.

El centro del tacto

Este centro sensitivo recibe los mensajes de los receptores de la piel para registrar el calor, el dolor, la presión y otras sensaciones.

El centro del habla

El centro del habla te permite generar palabras. El área de Wernicke te permite entender lo que la gente dice.

Mal de Parkinson

El mal de Parkinson es una enfermedad que afecta las células del tronco cerebral. Las personas que padecen esta enfermedad tiemblan y tienen dificultades para controlar sus movimientos. Para algunas enfermedades del cerebro puede ser útil hacer una tomografía computada para controlar la actividad cerebral (derecha) con la ayuda de contrastes radioactivos.

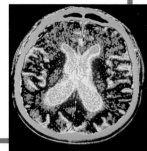

Centros del movimiento

La corteza motriz está en la parte superior del cerebro. Cuando este planea tus movimientos, envía desde aquí señales a los músculos, para que puedas mover las extremidades.

Centros de la visión

Las imágenes de los ojos son procesadas en el centro visual de la parte posterior de la corteza cerebral, para que puedas comprender lo que ves.

Zonas del cerebro

Hay zonas de la corteza cerebral que están ligadas a la sensación y al movimiento. Los diversos centros sensitivos procesan las señales de los órganos de los sentidos, como los ojos y los oídos. En una función pueden participar más de una zona. Por ejemplo, el cerebro posee dos centros de la audición: uno detecta la calidad del sonido: el tono y la intensidad, mientras que el otro decodifica la información.

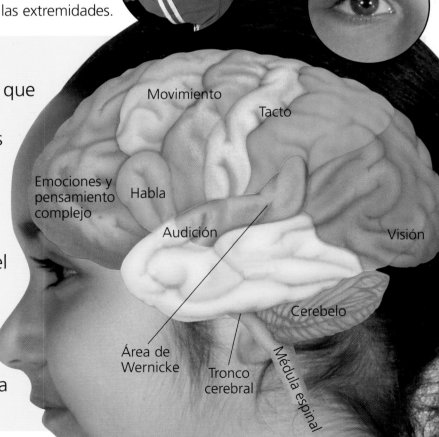

Movimiento
Tacto
Emociones y pensamiento complejo
Habla
Audición
Visión
Cerebelo
Área de Wernicke
Tronco cerebral
Médula espinal

La médula espinal

Es el conjunto principal de nervios del cuerpo. Tiene más o menos el grosor de un dedo (2 cm). Las señales de los receptores de la piel y las instrucciones del cerebro pasan por la médula espinal. Participa de las respuestas llamadas actos reflejos, que te ayudan a reaccionar rápido ante un peligro.

Cere[

Vértebra

Médula espinal

Parálisis

La pérdida de movimiento, la parálisis, se puede producir por un daño a la médula espinal. Los parapléjicos, con sus piernas paralizadas, se mueven en sillas de ruedas y pueden llegar a tener una vida activa.

Partes de la médula espinal

El conjunto de nervios que forman la médula espinal está situado dentro del canal neural de la columna vertebral. Este túnel de huesos ayuda a protegerla de los golpes y las lesiones. De ella parten treinta y un pares de nervios que cubren cada uno una zona específica del cuerpo.

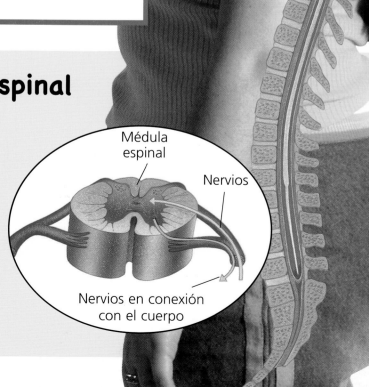

Médula espinal

Nervios

Nervios en conexión con el cuerpo

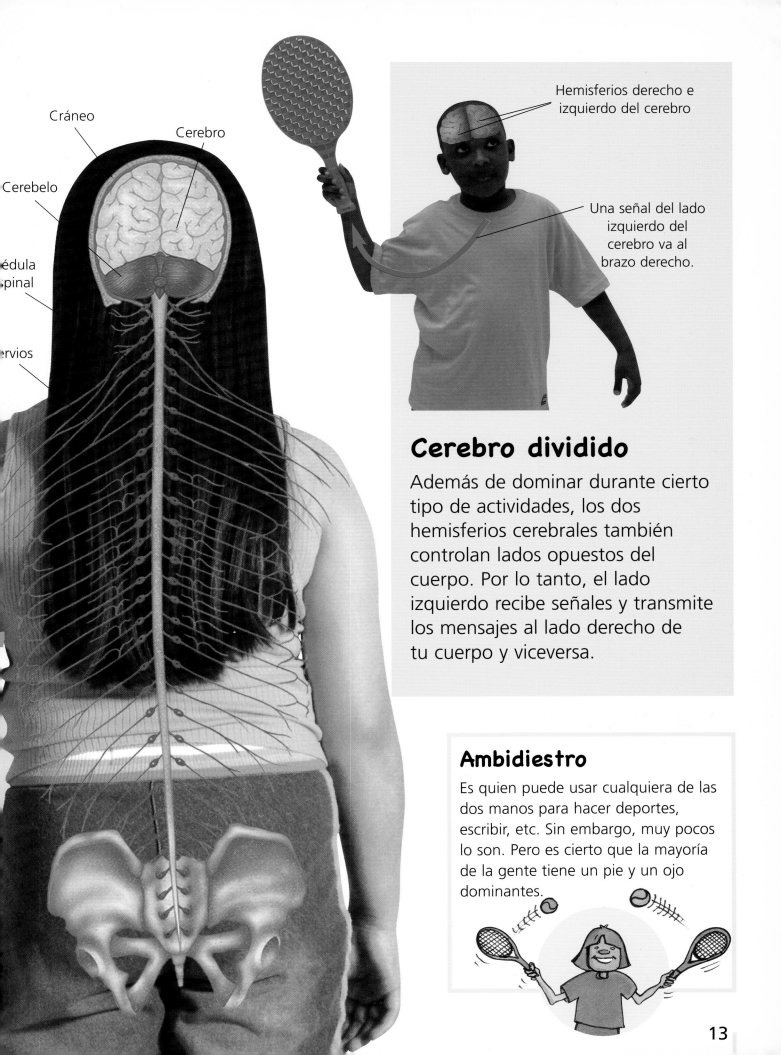

Cráneo

Cerebro

Cerebelo

édula
pinal

rvios

Hemisferios derecho e izquierdo del cerebro

Una señal del lado izquierdo del cerebro va al brazo derecho.

Cerebro dividido

Además de dominar durante cierto tipo de actividades, los dos hemisferios cerebrales también controlan lados opuestos del cuerpo. Por lo tanto, el lado izquierdo recibe señales y transmite los mensajes al lado derecho de tu cuerpo y viceversa.

Ambidiestro

Es quien puede usar cualquiera de las dos manos para hacer deportes, escribir, etc. Sin embargo, muy pocos lo son. Pero es cierto que la mayoría de la gente tiene un pie y un ojo dominantes.

¿Qué son los nervios?

Los nervios son fibras largas y delgadas que conectan el cerebro con el resto del cuerpo. Parecidos a pequeños cables eléctricos, los nervios transportan señales desde los sentidos al cerebro y envían instrucciones del cerebro al resto del cuerpo. Asombrosamente, las células nerviosas pueden transmitir millones de pequeños impulsos eléctricos por segundo.

¡Las señales nerviosas son muy rápidas! ¡Las más ligeras pueden moverse a lo largo de los nervios a velocidades de hasta 580 km por hora!

Estructura de los nervios

Las células nerviosas o neuronas tienen un cuerpo central que contiene un núcleo del cual se desprenden, como tentáculos, las dendritas. Las dendritas son las que captan las señales de otros nervios. Todas las neuronas también tienen un axón o prolongación delgada, llamada fibra nerviosa, que envía mensajes a otras células.

Vaina de mielina

Axón

Sinapsis

Es la estrecha separación entre el extremo del axón de una neurona y las dendritas de la otra. Cuando llega la señal nerviosa al final del axón, libera un mensajero químico, que cruza la separación y transmite la señal.

Dendrita

Cuerpo de la célula nerviosa

Núcleo

Sinapsis

Receptor

Mensajero químico

Receptor

Axones

La mayoría de los axones poseen una envoltura externa denominada vaina de mielina. Los nervios están agrupados en racimos llamados fascículos. Varios fascículos están envueltos por una piel llamada epineuro.

Axon

Epineuro

Fascículo

Esclerosis múltiple

Como la capa de plástico que aísla a un cable eléctrico, la vaina de mielina alrededor de un axón impide que las señales nerviosas se escapen. Estas vainas también aceleran la velocidad de las señales. La esclerosis múltiple (EM) es una enfermedad en que las vainas de mielina de los nervios se han dañado (derecha), haciendo que las señales no puedan pasar. Es una enfermedad que a veces afecta a los adultos jóvenes. Existen medicamentos para aliviar sus síntomas, pero hasta el momento no se ha logrado su curación.

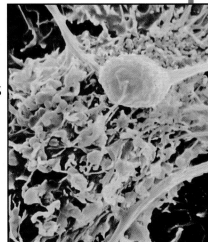

Veneno paralizante

Las víboras venenosas como la cobra inyectan un veneno que paraliza los músculos de su presa. El veneno trabaja para impedir que las señales del nervio lleguen a la sinapsis, que une las células nerviosas con los músculos.

Los nervios y el aprendizaje

El aprendizaje se produce cuando las vías entre las células nerviosas se realizan mediante señales que pasan de forma repetida a lo largo de ellas. Una vez que se establecen estas vías, las señales nerviosas se trasladan más fácilmente. Esto ayuda a explicar por qué una actividad como aprender a tocar el violín es difícil al principio, pero luego se torna más fácil.

Acciones y reflejos

Un corredor reacciona al tiro de la pistola ordenándole a los pies que salgan de los triángulos de partida. ¡Tarda solamente una décima de segundo!

Un movimiento voluntario es una acción que uno elige realizar, desde patear una pelota hasta encender la luz. El centro motor dentro del cerebro planea y ordena a los músculos que realicen estos movimientos. En cambio, los involuntarios son aquellos que el cuerpo realiza sin que uno sea consciente de las instrucciones. Entre estos están los actos reflejos, que ayudan a protegernos del peligro.

Movimientos voluntarios

Cuando decides levantar una taza, la información proveniente de tus ojos ayuda a que tu cerebro ubique el objeto con precisión. La corteza motora del cerebro envía señales por los nervios motores a los músculos del brazo y de la mano. Cuando te estiras hacia adelante, tus ojos y los receptores internos controlan la posición del brazo para asegurarte de que el movimiento se realice con suavidad. Los receptores del tacto ayudan a que tus dedos levanten la taza.

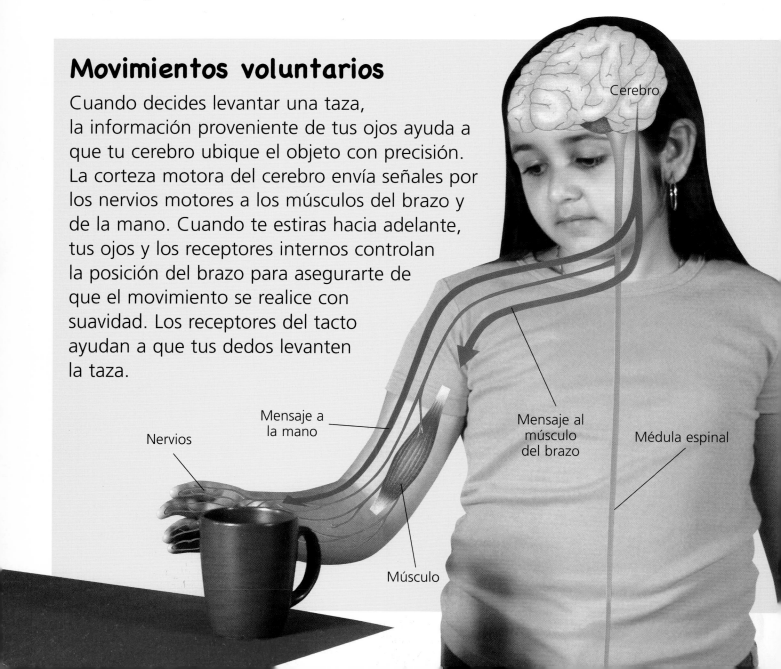

Cerebro

Nervios

Mensaje a la mano

Mensaje al músculo del brazo

Médula espinal

Músculo

Prueba tus reflejos

Los reflejos se producen tan rápidamente que no hay tiempo para que el cerebro ordene el movimiento. Son los nervios de la médula espinal los que lo hacen por él. Puedes probar tus reflejos haciendo que un amigo te dé un golpe seco y suave debajo de la rótula. El golpe estira el músculo del muslo, pero la médula le ordena que se contraiga y tu pierna se lanza hacia adelante, como para dar una patada.

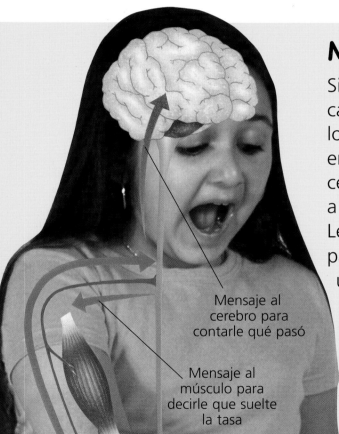

 ## Parpadeo

Si ves un objeto que se acerca velozmente hacia ti, tu cuerpo reacciona instintivamente para protegerse del peligro. Te cubres la cabeza con los brazos y pestañeas para resguardar tus ojos.

Movimientos involuntarios

Si tocas directamente una taza muy caliente, en vez de tomarla del asa, los sensores del dolor que se encuentran en los dedos disparan un mensaje al cerebro. Pero la médula espinal reacciona a la señal antes de que llegue al cerebro. Le ordena a los dedos que suelten la taza para evitar que te quemes. Este es un acto reflejo. Al mismo tiempo, transmite una señal al cerebro para contarle lo ocurrido.

Mensaje al cerebro para contarle qué pasó

Mensaje al músculo para decirle que suelte la tasa

Mensaje a la médula espinal para decirle que siente dolor

Médula espinal

Piloto automático

Aun cuando uno está dormido, el cerebro sigue funcionando. Algunas personas hablan y hasta caminan mientras duermen.

El sistema nervioso autónomo funciona como el piloto automático de un avión, regulando los procesos del cuerpo, como la respiración, sin que tengas que pensar en cómo tu cuerpo deberá llevarlo a cabo. En este sistema participan las partes inferiores del cerebro, el tronco cerebral y el cerebro medio, además de la médula espinal y muchos nervios periféricos. El piloto automático mantiene tu cuerpo en funcionamiento aunque estés dormido.

Despierto

Sueño REM

Sueño profundo

Niveles del sueño

Cuando uno duerme, el cerebro entra en diferentes niveles de sueño, que incluyen el sueño profundo y el sueño REM. Este último se da cuando el cerebro está más activo (ver página 10). De noche, uno pasa del sueño profundo al REM varias veces, cada 60 minutos o más -pudiendo darse inclusive cada 90 minutos-; y poco a poco uno duerme menos profundamente hasta que se despierta.

¿Qué es el sueño?

Nadie sabe exactamente qué le ocurre al cerebro cuando dormimos, pero sí que es esencial dormir. Los sueños son también un misterio. Algunos estudiosos piensan que son las formas que tiene el cerebro de revivir experiencias cotidianas.

Sistema nervioso autónomo

El sistema nervioso autónomo mantiene a tu cuerpo en funcionamiento las 24 horas. Por ejemplo, mueve los músculos de los ojos con los cambios de luz, les da instrucciones a las glándulas de la boca para que produzcan saliva y ayuden a la masticación, y a tus intestinos, para que sigan el proceso de la digestión. Controla además los niveles de oxígeno y glucosa en la sangre, que es la que te da energía.

Dilata o contrae las pupilas de los ojos

Hace que el corazón lata más rápido o más despacio

Hace que los intestinos funcionen más rápido o más despacio

Controla la producción de orina de los riñones

Relaja o contrae la vejiga

Correr en automático

Cuando sales a trotar, el sistema nervioso autónomo ajusta el ritmo cardíaco y el de la respiración para que tus músculos reciban el oxígeno y la energía que necesitan. El cerebro inferior les ordena a los pulmones que trabajen más para que entre el suficiente oxígeno a la sangre. También, le ordena al corazón que bombee lo necesario para que llegue más oxígeno y energía a los músculos. Todo esto se produce sin que lo tengas que pensar.

Inconsciencia

Un golpe fuerte en la cabeza puede hacer que pierdas el conocimiento. Cuando lo recobras, es posible que te sientas mareado, con ganas de vomitar y dolor de cabeza. En casos extremos, algunas personas sufren de pérdida de la memoria. Si has sufrido un accidente de este tipo, es conveniente ver inmediatamente a un médico para estar seguro de que no haya ocurrido un daño grave.

Los sentidos: la vista

La vista es el sentido en el que la gente más confía para conocer lo que la rodea. Tus ojos son dos esferas gelatinosas, albergadas en cavidades óseas llamadas órbitas. Cada uno posee una lente que enfoca la luz sobre la parte posterior del ojo, donde una zona sensible, la retina, detecta los tipos de luz, las formas y los colores. Esta información es llevada al cerebro a través de los nervios ópticos. Los centros visuales dentro del cerebro procesan los datos de manera que puedas comprender lo que ves.

Los insectos poseen ojos compuestos que contienen muchas lentes. Algunas moscas pueden llegar a tener hasta 2000 lentes.

Nervio óptico

Retina

Córnea

Lente

Conducto lagrimal

Iris

Pupila

Adentro del ojo

Delante de la parte anterior del ojo hay una capa transparente, de forma redondeada, denominada córnea. Detrás hay un anillo de color, llamado iris, con una abertura en el centro, la pupila. La luz pasa a través de la pupila hacia el interior del ojo. Los músculos dentro del iris angostan o ensanchan la pupila para permitir mayor o menor paso de la luz dentro del ojo.

Imagen modificada

La lente enfoca la luz sobre la retina. Allí los objetos aparecen invertidos. Las células de la retina convierten los colores y las formas en señales nerviosas que son enviadas al cerebro. El cerebro vuelve a invertir la imagen y la pone al derecho.

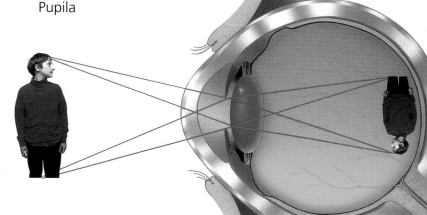

20

Protege los ojos

Los ojos se pueden dañar con la luz del sol. Puedes mantenerlos sanos si usas anteojos oscuros cuando hay luz brillante y si evitas mirar al sol directamente. Los anteojos y las anteojeras también protegen los ojos del polvo.

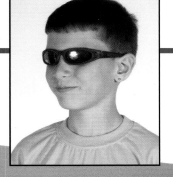

Nervios ópticos

Campo de visión derecha

Visión superpuesta

Campo de visión izquierda

Visión binocular

Como los ojos se encuentran a varios centímetros de distancia, pueden ver las cosas algo diferentes en forma separada. Los dos campos visuales se superponen en una zona al frente (abajo, izquierda). La información de cada ojo pasa por los nervios ópticos al centro visual en el lado opuesto del cerebro. Aquí las señales son decodificadas. Los datos de las zonas que se superponen te ayudan a juzgar las distancias, así puedes enfocar una pelota en movimiento. También da la visión tridimensional. Si tuvieras un solo ojo, todo se vería chato.

Ceguera

Algunas personas son ciegas de nacimiento, pero otras pueden perder la vista después de un accidente o una enfermedad. Es por eso que deben confiar en sus otros sentidos. El tacto les permite "leer" Braille: un sistema de puntos en relieve impresos sobre la página.

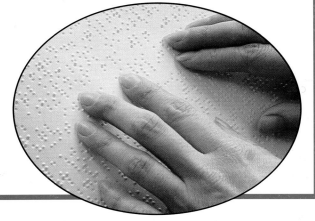

La audición y el equilibrio

El movimiento de un barco puede confundir los órganos del equilibrio dentro de los oídos y enviarles información que no es la misma que reciben los ojos. Esto puede hacer que te sientas mareado.

¿Qué sonidos puedes escuchar en este momento? Puedes escuchar sonidos altos y también los bajos, como el de los autos que pasan. Las ondas sonoras son vibraciones que viajan por el aire y se esparcen desde la fuente que las produce, como las ondas de un estanque. Cuando llegan a tu oído, las oyes. Los oídos, junto con los ojos y otros receptores, te ayudan a mantener el equilibrio.

Protección de los oídos

Los sonidos muy fuertes, como el del taladro usado para romper un pavimento o una música muy fuerte, pueden dañar tus oídos. ¡Cuídate!

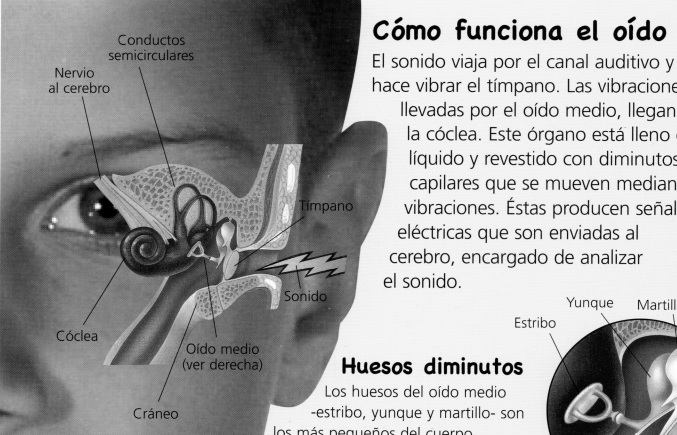

Conductos semicirculares

Nervio al cerebro

Tímpano

Sonido

Cóclea

Oído medio (ver derecha)

Cráneo

Cómo funciona el oído

El sonido viaja por el canal auditivo y hace vibrar el tímpano. Las vibraciones, llevadas por el oído medio, llegan a la cóclea. Este órgano está lleno de líquido y revestido con diminutos capilares que se mueven mediante vibraciones. Éstas producen señales eléctricas que son enviadas al cerebro, encargado de analizar el sonido.

Huesos diminutos

Los huesos del oído medio -estribo, yunque y martillo- son los más pequeños del cuerpo. El estribo mide solo 5 mm de largo.

Yunque   Martillo

Estribo

Tímpano

Receptores y equilibrio

La información proveniente de los ojos, la piel, los oídos y otros receptores, te ayuda a mantener el equilibrio. Los órganos del equilibrio, que se hallan en el oído interno, son tres conductos llenos de líquido, llamados conductos semicirculares. Están ubicados en ángulo recto entre sí y por eso el líquido que se encuentra en alguno de los conductos se mueve según la dirección en que gires la cabeza. Los nervios de los conductos semicirculares envían señales nerviosas eléctricas para que sean interpretadas por el cerebro.

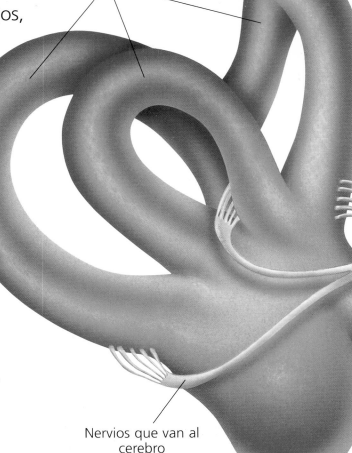

Conductos semicirculares

Nervios que van al cerebro

Sordera

Algunas personas nacen sordas, otras pueden perder la audición por una enfermedad o lesión. Un audífono, que amplía el sonido, puede ayudar a la gente con este tipo de problemas. Muchas personas sordas también usan el lenguaje de signos o aprenden a leer los labios para comunicarse con los demás. No es difícil aprender a comunicarse mediante el lenguaje de signos.

Tono

El tono de un sonido es la altura que tiene. Los sonidos altos y bajos producen ondas de diferentes frecuencias. Un sonido alto vibra más rápido que uno bajo, su frecuencia es más alta. El tono se mide en hertz (Hz). Los seres humanos pueden oír sonidos entre 20 y 20.000 Hz. Los animales como los perros, los murciélagos o los delfines pueden oír sonidos con tonos incluso más altos.

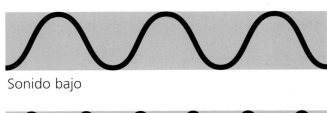

Sonido bajo

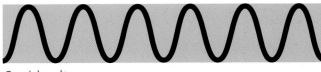

Sonido alto

Gusto, olfato y tacto

Los sentidos del gusto y el olfato te permiten saborear las comidas, ¡piensa lo aburridas que serían si no pudieras sentirles el gusto! Ambos sentidos también sirven para detectar signos de peligro, desde el humo hasta el sabor de un alimento en mal estado. El tacto es otro sentido vital. Un conjunto de varias sensaciones táctiles te da mucha información acerca del mundo que te rodea.

Cuando inspiras, haces que las partículas de olor pasen por los órganos receptores que están dentro de la nariz, y así puedes oler mejor.

El gusto

Las papilas gustativas son pequeñas protuberancias en la parte superior de la lengua. Tenemos cerca de 10.000 de ellas que detectan cuatro sabores: dulce, ácido, salado y amargo. La saliva disuelve los sabores de los alimentos para que puedas disfrutarlos. En diferentes partes de la lengua, como se ve en la figura, son asimilados los cuatro sabores. Las papilas gustativas también se hallan en el velo del paladar, en las mejillas y arriba de la garganta. La pérdida del olfato también afecta el gusto.

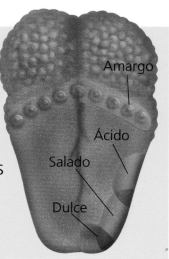

Amargo
Ácido
Salado
Dulce

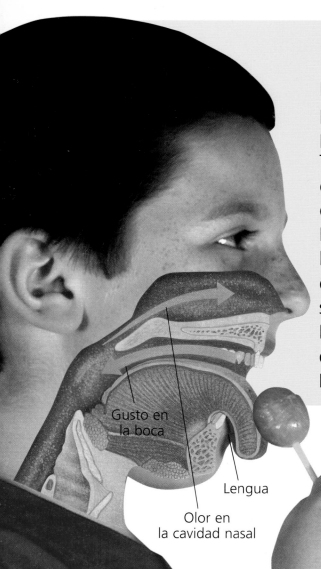

Gusto en la boca

Lengua

Olor en la cavidad nasal

El dolor

Dolor es lo que uno siente cuando el cuerpo sufre una lesión. Los calmantes son muy útiles en estos casos. La medicina moderna ha desarrollado todo tipo de calmantes; los dentistas utilizan anestesia antes de trabajar en la boca.

El olfato

Los olores son partículas que flotan en el aire. La nariz puede distinguir miles de olores diferentes. Cuando uno inspira, las moléculas que están en el aire penetran en la cavidad nasal por las fosas nasales. En el techo de esta cavidad hay dos áreas pequeñas que son muy sensibles: los bulbos olfatorios, recubiertos de diminutas vellosidades. Estos detectan los olores, como el de la fruta podrida, y envían señales al cerebro, que las interpreta como olor.

Cómo se siente el olor

Los bulbos olfatorios tienen el tamaño de la uña y sus vellocidades sobresalen de la mucosidad que recubre la cavidad nasal. Las partículas de olor atrapadas en las vellosidades son captadas por millones de células olfatorias microscópicas.

Bulbo olfatorio

Olor

Cerebro

Vellosidad

Cavidad nasal

El sentido del tacto

La piel es el órgano del tacto. Te permite sentir las diferentes texturas, como el pelaje de un cachorro. La palma de las manos, la punta de los dedos, los labios y la lengua son algunas de las partes más sensibles del cuerpo. Quizá alguna vez has sentido que se te durmiera el pie. Esta sensación se produce cuando se aplasta el nervio y desaparece cuando se quita la presión sobre el mismo.

El cerebro y los sentidos a lo largo de la vida

Al nacer, los ojos del bebé no se han desarrollado completamente, por esto no puede enfocar las cosas que están demasiado cerca o demasiado lejos.

Uno nace con alrededor de 10.000 millones de neuronas. En la medida en que se establecen conexiones entre ellas, más vas aprendiendo acerca del mundo que te rodea. Los sentidos de un bebé están muy alerta, pero su cerebro tiene que aprender cómo decodificar toda la información. A medida que uno envejece, los sentidos van perdiendo agudeza.

El cerebro en crecimiento

El cerebro de un bebé por nacer comienza a desarrollarse tempranamente. A las tres semanas de la fertilización, un tejido nervioso en la cabeza comienza su crecimiento, convirtiéndose luego en el cerebro, el cerebelo y otras partes del encéfalo. Mientras tanto, la médula espinal y el resto del sistema nervioso se siguen desarrollando. Para el momento en que el bebé está listo para nacer, todas las partes de su cerebro están formadas, hasta los pliegues de la corteza cerebral.

Desarrollo del bebé

Los bebés nacen con varios reflejos instintivos que los ayudan a sobrevivir. Uno es el reflejo de succión, que le permite alimentarse de leche materna o del biberón. Poco a poco, el niño aprende a diferenciar las imágenes, los sonidos, los olores, los sabores y otras sensaciones. Aprende a enfocar y reconocer los rostros, comienza luego a balbucear y finalmente a hablar.

3 semanas

6 semanas

3 meses

9 meses (nacimiento)

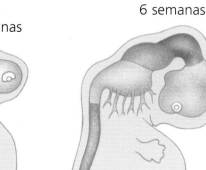

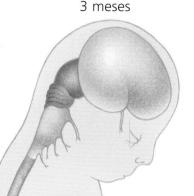

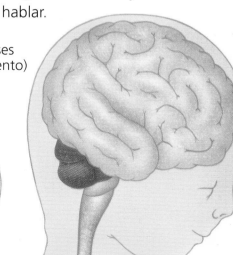

◎ Uso de anteojos

Las personas pueden ser cortas de vista o sufrir de presbicia a cualquier edad. Esto se produce cuando el globo ocular está alargado o aplastado. Entonces, la imagen no se enfoca directamente en la retina. Las lentes de contacto o los anteojos cambian el foco, y las imágenes se encuadran en la retina permitiendo ver claramente. Es recomendable visitar al oculista u oftalmólogo de manera regular para mantener la vista en perfectas condiciones.

Aprendizaje

El aprendizaje es el resultado de diferentes conexiones entre las neuronas. Cada neurona puede hacer hasta 10.000 conexiones con otras células; así, el número total de conexiones es inmenso. Años atrás se pensaba que en el cerebro de los adultos las neuronas no se regeneraban; hoy, los investigadores han comprobado que sí lo hacen en la región del bulbo olfatorio y el hipotálamo, que participan en los procesos de aprendizaje y memoria.

◎ Mal de Alzheimer

El mal de Alzheimer es una enfermedad que afecta el cerebro y es más común en la gente mayor. Las conexiones entre las células nerviosas se alteran y causan la pérdida de la memoria, cambios del humor y una coordinación defectuosa de la actividad muscular. A veces se usan las fotos antiguas para ayudar a los pacientes a recordar detalles de sus vidas. Los médicos no han descubierto aún una cura para este mal.

Cómo mantenerse saludable

Seguir una dieta equilibrada ayuda a mantener los sentidos y el sistema nervioso saludables. El cerebro y el resto del organismo también necesitan mucha agua.

El cerebro y los sentidos son realmente asombrosos. Por eso te conviene mantenerlos en óptimas condiciones, al igual que el resto del cuerpo. Tener una dieta sana, hacer ejercicio y evitar drogas y alcohol es lo mejor que puedes hacer. Pero el cerebro, al igual que otras partes del cuerpo, a veces puede funcionar mal, viéndose afectado por enfermedades o problemas emocionales. En estos casos, consultar con un médico o un psicólogo que pueda orientarte suele ser de gran ayuda.

El efecto de las drogas

Las drogas ilegales afectan tu cerebro y los sentidos. Aun las drogas legales, como el alcohol y el tabaco (derecha) interfieren con las funciones naturales del cuerpo y alteran el equilibrio de las sustancias químicas del cerebro. Algunas drogas resultan adictivas y nocivas para la salud.

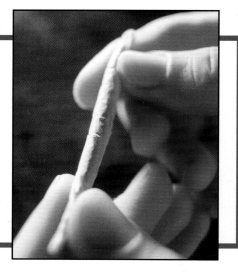

Cómo tratar la depresión

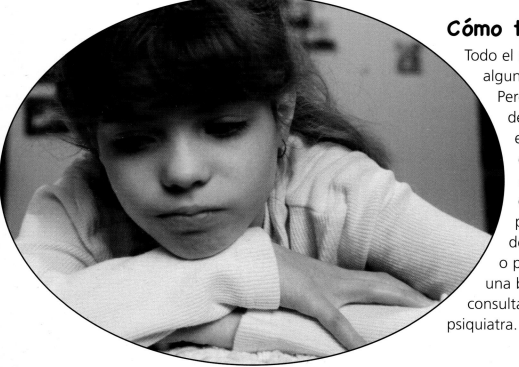

Todo el mundo tiene preocupaciones y algunas veces se siente deprimido. Pero algunos jóvenes sufren una depresión más aguda, con período en los que se sienten tristes y desesperanzados, que se pueden alternar con momentos de euforia y agitación. La depresión puede ser causada por un desequilibrio en la química cerebral o por problemas emocionales. Es una buena idea en estos casos consultar con un psicólogo o con un psiquiatra.

Estrés

Cuando una situación externa es interpretada por nuestra mente como amenazante, sufrimos estrés. Si esto te está sucediendo, es bueno que lo hables con tus padres, con un amigo. Te ayudará a comprender lo que te está pasando y a calmar la ansiedad. En algunos casos, el yoga (un programa de ejercicios tranquilos) y la meditación (una técnica para concentrar la mente) pueden aliviar el estrés. O también hacer deporte.

Examen de la vista

Es conveniente que controles con cierta frecuencia algunas partes del cuerpo, como los ojos y los dientes. Una visita al oculista solucionará los problemas de visión y te alertará sobre posibles trastornos. También es conveniente consultar con un especialista si experimentas problemas relacionados con otros sentidos, como la audición.

Vasos sanguíneos

Cefaleas

Las cefaleas son dolores de cabeza muy fuertes que pueden ser producidos por estrés, drogas, alcohol y hasta por el chocolate. Como los vasos sanguíneos que van al cerebro se angostan, la provisión de sangre que llega a él es menor. Además de tener dolores en los que se siente que la cabeza late, otros síntomas pueden ser vómitos y distorsión de la visión. Las cefaleas son un problema bastante común.

Hechos asombrosos

La médula espinal pesa unos 42 g; depende de ella el movimiento de las extremidades. Mide unos 45 cm de largo en los adultos.

Algunos animales tienen sentido superdesarrollados. El olfato de los sabuesos es mucho más agudo que el nuestro. Un tiburón puede oler pequeños rastros de sangre en el agua a varios kilómetros de distancia.

El cerebro derecho puede saber lo que está haciendo el cerebro izquierdo a través del cuerpo calloso (gruesa banda de fibras nerviosas) que funciona como si fuera un puente.

Los seres humanos tienen el cerebro grande en relación con el tamaño de su cuerpo: la quincuagésima parte de su altura. El cachalote posee el cerebro más grande del mundo, pero es una diminuta fracción de todo su tamaño.

Los murciélagos tienen poca visión, pero usan su extraordinario sentido de la audición para atrapar insectos.
La víbora de cascabel es sensible al calor del cuerpo de los animales; esto le sirve para atraparlos. Las aves y las ballenas pueden sentir el campo magnético de la Tierra; lo utilizan para orientarse.

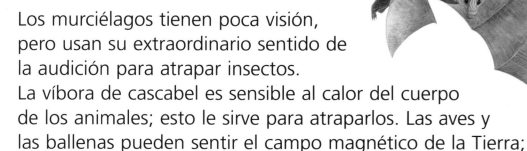

Glosario

Acto reflejo Movimiento rápido y automático que generalmente ayuda a proteger al cuerpo de las lesiones.

Axón Prolongación delgada que transmite el mensaje a través de la célula nerviosa.

Cerebelo Parte del cerebro debajo del encéfalo que ayuda al equilibrio y la coordinación.

Conducto semicircular Uno de los tres conductos llenos de líquido dentro del oído interno que ayudan al equilibrio.

Corteza cerebral Capa externa con pliegues en donde tienen lugar los pensamientos.

Corteza motora Parte de la corteza cerebral que ordena los movimientos voluntarios (conscientes).

Dendrita Extensión larga y fina en forma de tentáculo que se extiende desde una célula nerviosa y que recibe señales de otros nervios.

Encéfalo Cerebro superior que está dividido en dos partes llamadas hemisferios cerebrales.

Médula espinal Conjunto principal de nervios del cuerpo que se encuentra por dentro de la columna vertebral para unir al cerebro con los nervios más pequeños de todo el cuerpo.

Nervio Una de las fibras largas y delgadas que transporta señales hacia y desde el cerebro.

Neurona Célula nerviosa que recibe y transmite impulsos nerviosos.

Retina Zona muy sensible a la luz, que se encuentra en la parte posterior del ojo y que transmite información al cerebro acerca de las formas y colores.

Sinapsis Diminuto espacio entre dos células nerviosas.

Sistema nervioso autónomo Parte del sistema nervioso, regulador del funcionamiento de los órganos y las funciones vegetativas, tales como la respiración, la digestión, etc.

Sistema nervioso central Parte del sistema nervioso formado por el cerebro y la médula espinal.

Sistema nervioso periférico Vasta red de diminutos nervios que llegan a todo el cuerpo.

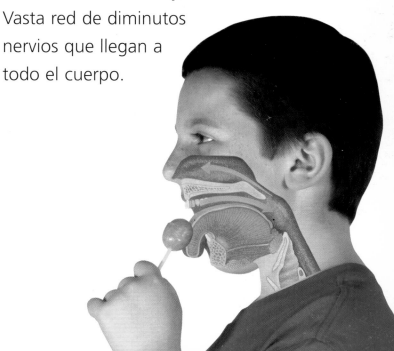

Índice

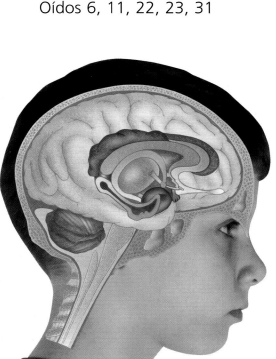